FOLKLORE
ARGENTINO

MÚSICA - DANZAS - COSTUMBRES

Eugenio Hidalgo

Hidalgo, Eugenio
Folklore argentino. - 1a ed. - Buenos Aires : Dos Tintas, 2009.

1. Folklore. I. Título CDD
398

ÍNDICE

| INTRODUCCIÓN | 5

El folklore — 5
Los pueblos originarios — 6
El origen de la tradición — 11
Los gauchos, ejes de la tradición — 12
Las regiones folklóricas — 15

| CREENCIAS POPULARES | 19

| MÚSICA FOLKLÓRICA | 39

Los instrumentos — 39
Danzas y ritmos — 40
Cancionero — 43

| RECETARIO | 73

| DICHOS, FRASES Y REFRANES POPULARES | 91

INTRODUCCIÓN

| EL FOLKLORE |

"Folklore" es un término muy amplio que agrupa, además de los ritmos y danzas regionales, otros aspectos autóctonos como los usos, las costumbres, los mitos, las leyendas, los refranes, las comidas, etcétera.

Este término fue usado por primera vez el 22 de agosto de 1846 por el arqueólogo inglés William John Thoms, quien definió al folklore como "ciencia o saber del pueblo", de acuerdo con los vocablos ingleses "folk" (pueblo) y "lore" (ciencia o saber).

Ese día, el 22 de agosto se celebra el Día Mundial del Folklore, y, curiosamente, también se conmemora el Día Argentino del Folklore recordando la fecha de nacimiento de

Juan Bautista Ambrosetti, un naturalista que inició la exploración arqueológica con fines científicos y que fue el primer estudioso de las civilizaciones prehistóricas en nuestro territorio y de las leyendas y costumbres de los pueblos originarios.

| LOS PUEBLOS ORIGINARIOS |

El actual territorio de nuestro país estaba ocupado por pueblos indígenas de muy distintas características en el momento de la llegada de los conquistadores españoles. En nuestra tierra vivían civilizaciones de agricultores, cazadores, recolectores, sedentarios, nómades, etcétera. Más allá de sus particularidades, estos pueblos instalados en sus regiones desde hace unos 11 mil años, fueron forjando sus costumbres, tradiciones y creencias que le empezaron a dar forma al folklore nacional. ¿Cuáles eran esos aborígenes?

Aborígenes de la Patagonia

Los Tehuelches fueron el pueblo más importante y amplio que habitó la inmensa meseta patagónica, ocupando desde el sur de Buenos Aires y La Pampa hasta el extremo más austral de la actual provincia de Santa Cruz. Físicamente se caracterizaban por ser de gran estatura y tamaño, midiendo en promedio más de 1,80 m. Ese físico tan desarrollado llamó la atención de los primeros exploradores, quienes los llama-

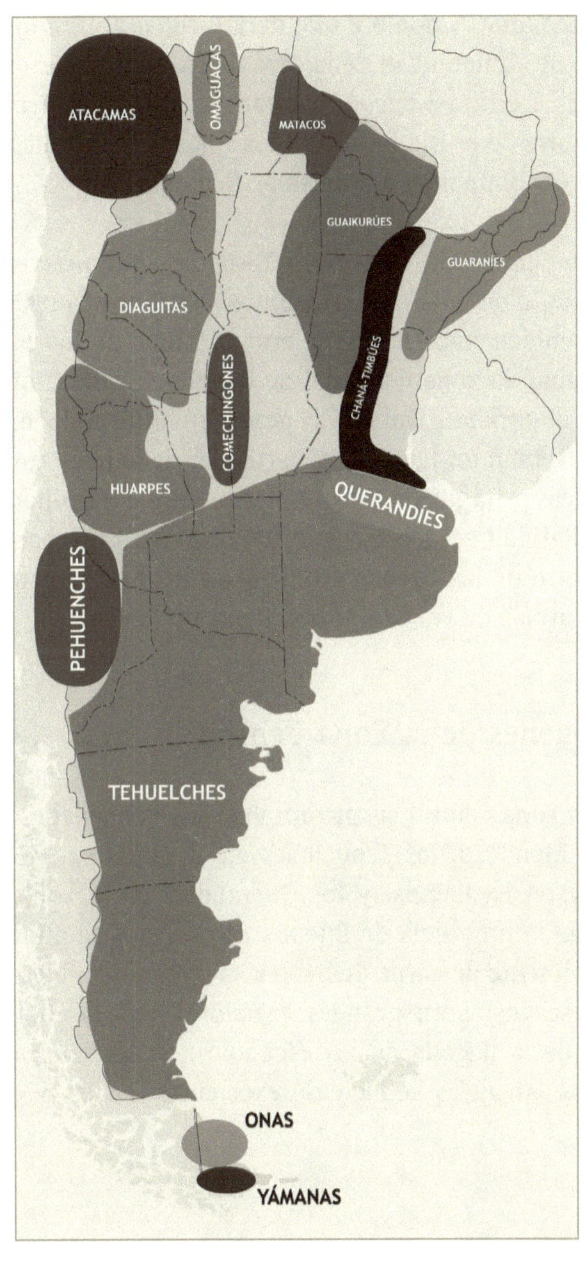

ATACAMAS
OMAGUACAS
MATACOS
GUAIKURÚES
GUARANÍES
DIAGUITAS
CHANÁ-TIMBÚES
COMECHINGONES
HUARPES
QUERANDÍES
PEHUENCHES
TEHUELCHES
ONAS
YÁMANAS

ron "patagones", nombre que daría origen al término "patagonia". Se alimentaban de la caza de huemules, zorros y ñandúes. En Tierra del Fuego, habitaban dos grupos principales: en el norte de la isla lo hacían los Onas o Tehuelches del sur, que se denominaban a sí mismos Selknam.

Al sur de la isla vivían los Yámanas, que practicaban la pesca de lobos marinos, pingüinos, focas y pequeñas ballenas. También habían descubierto el sabor de los moluscos. Navegaban la zona del canal de Beagle en canoas que construían ahuecando troncos y pescaban utilizando diferentes armas. Tenían un físico muy particular de baja estatura, piernas flacas y frágiles y torso y brazos muy desarrollados. Esta particularidad se debía a que transcurrían gran parte de su día dentro de las canoas y utilizaban los brazos para manejar las armas de caza (arpones, lanzas y hondas).

Aborígenes de la Zona Central

En la zona central se encontraban los Pehuenches hasta el sur de Mendoza, los Tehuelches en la mitad sur de Buenos Aires y en La Pampa, y los Querandíes en la zona centro-norte de la provincia de Buenos Aires. Éstos se alimentaban especialmente de carne de liebres, ciervos y ñandúes, y algunos pescados. Eran grandes cazadores con las boleadoras. Luego de la llegada de los españoles, se apoderaron de los caballos salvajes y se hicieron excelentes jinetes.

Aborígenes del Noroeste

En las provincias de Tucumán, La Rioja, Catamarca y Salta, ocupando los Valles Calchaquíes y sus zonas aledañas, encontramos a los pueblos agricultores más organizados y desarrollados. Formaban un conjunto de sociedades y se conocen con el nombre de Diaguitas. Eran agricultores sedentarios y fueron grandes artesanos trabajando el cobre y el bronce. Además, en menor escala, recolectaban algunas especies silvestres y criaban llamas que utilizaban como animales de carga y luego aprovechaban su piel para realizar tejidos y abrigos. Vivían en casas cuadradas, que eran construidas con paredes de piedras y techo de paja. También fueron valientes como guerreros y enfrentaron tanto la conquista que intentaron los Incas como la invasión de los españoles. Sus armas típicas eran el arco y la flecha y combatían a pie.

Al norte de los Diaguitas, ocupando una parte de Salta, Jujuy y del territorio boliviano, habitaron otros pueblos aborígenes como los Atacamas, los Omaguacas y los Chirihuanos que, además de sembrar, se dedicaban a la cría de llamas y alpacas. Esos animales les aportaban leche, carne y pieles para alimentarse y abrigarse.

En la zona de las sierras centrales, en las actuales provincias de San Luis y Córdoba, se instalaron los Comechingones. Estos hacían canales para conducir el agua del riego y construían sus viviendas semienterradas, cavando hoyos en la tierra para poder formar así las paredes y luego con pajas y ramas realizaban los techos.

Más hacía el oeste, en los territorios de Mendoza y parte de San Juan habitaban los Huarpes, quienes habían recibido influencia de los aborígenes trasandinos y también adoptaron costumbres de los Comechingones.

Aborígenes del Noreste

El noreste de nuestro territorio estuvo habitado por pueblos aborígenes de diferentes características. La zona chaqueña fue poblada por una gran diversidad de pueblos. Los principales de ellos fueron Tobas, Mocovíes, Abipones, Mataguayos, Chiriguanos, Chaná-Timbúes y los más importantes, Matacos y Guaikurúes.

Todos los integrantes de los grupos de Matacos y Guaikurúes eran expertos cazadores, tanto sea en grupo como de manera individual y las especies más buscadas por ellos y que más abundaban en la región eran: avestruz, tapir, venado, pecaríes, ñandúes y perdices.

Aborígenes de la Zona Mesopotámica

Los aborígenes que ocuparon la zona mesopotámica, entre los ríos Paraná y Uruguay, fueron los Guaraníes. Estos indígenas llegaron a nuestro territorio procedentes desde la zona amazónica, fueron ocupando el Paraguay y, finalmente, se asentaron en las actuales provincias de Misiones, Corrientes y norte de Entre Ríos.

Todos los grupos guaraníes hablaban la misma lengua y, aún en la actualidad, ese idioma sobrevive al paso del tiempo y es utilizado en muchos lugares (como el Paraguay y algunos sectores de nuestra mesopotamia y el sur de Brasil) donde los guaraníes ejercieron su dominio.

| EL ORIGEN DE LA TRADICIÓN |

Con el avance de la violenta conquista española, la población del país fue sufriendo modificaciones con el paso de los años. Muchos de los pueblos aborígenes que habitaban esta tierra eran más numerosos y poderosos e iban conquistando a otros. Así imponían sus tradiciones y costumbres. Más adelante, cuando los nativos y los invasores lucharon por la tierra, fue surgiendo una cultura mestiza que se extendió hasta el siglo XIX.

Así se fueron reacomodando los pobladores y surgieron las costumbres de la ciudad, las del gaucho, las de las diferentes sociedades del interior y la de los pueblos que conservaron sus ritos aborígenes. Con el paso de los años la Argentina les abrió las puertas a numerosos inmigrantes de muchos países que incorporaron sus propias rutinas. Todas esas tradiciones se fueron mezclando con el paso de los años y dando forma al ser nacional. Algunas son más populares y otras sólo se desarrollan en un grupo de pobladores, pero todas son distintivas del país y de sus regiones.

En síntesis, se podría decir que la tradición es una transmisión de noticias, historias, cuentos, composiciones, ritos, costumbres, hábitos o doctrinas que se transfieren de generación en generación, de padres a hijos y que se conservan con el paso del tiempo.

| LOS GAUCHOS, EJES DE LA TRADICIÓN |

Los gauchos eran los hombres que habitaron la llanura desde el siglo XVII. Ocuparon principalmente el litoral, la llanura pampeana y parte del Uruguay. La vida en permanente contacto con la tierra los fue convirtiendo en expertos jinetes. Por su valentía, su garra y su destreza en el campo fueron convocados y utilizados para las guerras de la independencia y las batallas civiles que se desarrollaron en las primeras décadas del siglo XIX. A su vez, eran empleados en grandes caravanas que ordenaba el Cabildo de Buenos Aires para capturar y matar el ganado cimarrón que habitaba la pampa en estado salvaje.

Esta vida fue marginando a los gauchos del crecimiento y las nuevas costumbres que adoptaban las ciudades. A su vez, la falta de posibilidades y la marginación que sufrían por su condición de gauchos, los hacía sentirse más cómodos en el campo. Cuando empezó la expansión de la educación durante los gobiernos de Mitre y Sarmiento, los gauchos y sus familias no tenían el acceso a esos medios. En esos años los gauchos eran mal vistos por el gobierno que los acusaba de vagos y ladrones. Además, muchos de ellos fueron obligados a sumarse al ejército que luchó contra los indios en la Conquista del Desierto.

La vida del gaucho estaba ligada a la del caballo. Eran compañeros inseparables ya que para el gaucho era su medio de transporte, su instrumento de trabajo y su compañero en las diversiones, pues se corrían carreras y se hacían diversas competencias de habilidad. Generalmente el gaucho vestía una camisa blanca, un chiripá, un bombachón y unas botas de potro que le cubrían la pierna y el pie.

Con el paso de los años y el avance de la civilización sobre el campo, los gauchos fueron convirtiéndose en peones rurales, se incorporaron al ejército, a la policía, se instalaron en los suburbios de las ciudades o se hicieron custodios en los comités políticos. Más adelante, la historia fue convirtiendo a los gauchos en el principal ícono de la tradición argentina.

El Día de la Tradición se celebra el 10 de noviembre como homenaje al nacimiento de José Hernández (1834), el escritor argentino autor de la obra cumbre de nuestra literatura, el *Martín Fierro*. Con esta celebridad, se intenta recordar no solo la tradición gaucha, sino también las costumbres de cada región argentina y de los extranjeros que llegaron al país y conservaron sus ritos.

El *Martín Fierro* es una obra que ha sido traducida a más de 30 idiomas. Es la obra de la literatura gauchesca más destacada y una de las más reconocidas en el mundo. Consta de dos partes: "El gaucho Martín Fierro" y "La vuelta de Martín Fierro".

Hospedado en una habitación del "Hotel Argentino" que estaba ubicado frente a la Plaza de Mayo, José Hernández escribió la mayor parte de los versos de "El gaucho Martín Fierro" en pocos meses del año 1872. Los críticos literarios lo ignoraron en su momento, pero el texto tuvo gran aceptación en la gente, especialmente en los hombres de campo que veían reflejado en él su vida y sus problemas y, en pocos años, se convirtió en el libro más popular. Se vendía en las pulperías y allí se juntaban los paisanos a disfrutar de su lectura.

"El gaucho Martín Fierro" es la historia de un paisano que vive en el campo con su familia y es obligado a incorporarse al ejército para participar de las guerras contra los indios. A partir de ese hecho se cuentan las historias, vivencias y persecuciones. El protagonista es un hombre pobre, pero honrado y muy trabajador, que enaltece la condición de gaucho. A través de él, el autor escribió una obra que en ese momento denunciaba las injusticias y opresiones que soportaban los gauchos. Martín Fierro huye con los indios para no ser reclutado y al ser cercado por la Policía el sargento Cruz colabora con él admirando su coraje. Allí comienza una relación que describe perfectamente el valor de la amistad para los gauchos.

En 1879, empujado por el éxito, José Hernández escribió la segunda parte: "La vuelta de Martín Fierro". En la misma se cuentan las desventuras de Fierro y Cruz viviendo en las tolderías y todas las vicisitudes que deben enfrentar. Allí, antes de morir por una epidemia, Cruz le pide a su amigo que al regresar cuide a su hijo. Entonces, Martín Fierro regresa al campo y se reencuentra con sus hijos y con el hijo de su amigo Cruz. Aparecen otros personajes en la obra, y allí es donde deja los consejos para sus hijos.

| LAS REGIONES FOLKLÓRICAS |

La amplia extensión de nuestro territorio y la diversidad de pueblos que lo habitaron dieron origen a distintas expresiones culturales. Algunas de ellas como el mate, el asado o el dulce de leche se han instalado en todo el país mientras que otras costumbres han quedado muy difundidas, pero limitadas a su región de origen. Las siguientes son, a grandes rasgos, las 5 grandes regiones en las que podemos dividir nuestro folklore:

Norte

En este grupo podemos agrupar a las provincias de Jujuy, Salta, Tucumán, Santiago del Estero, Formosa, Chaco, Catamarca, Norte de Córdoba y Norte de Santa Fe.

Se destaca el charango, los instrumentos aerófonos y la baguala. La danza más importante es la zamba junto al carnavalito.

Tamales, humita en chala, guisos y empanadas son infaltables de esta región.

Mesopotamia

Misiones, Corrientes, Entre Ríos, y la parte este de Formosa y Chaco. Aquí se destacan las influencias del Paraguay a través del guaraní, el chamamé y la yerba mate.

En amplias zonas de Misiones han intervenido muchas colonias europeas.

La guitarra, el bandoneón y el acordeón a piano son los instrumentos más difundidos.

Los pescados y las carnes de ave de corral son clásicas de la región.

Cuyo y Sierras Centrales

La Rioja, San Juan, Mendoza, San Luis y Córdoba. La cueca, el gato y, en menor medida, el vals son los ritmos más folklóricos de esta zona.

Hacia el centro, llegando a las sierras las zambas, escondidos y chacareras se hacen más populares.

La cocina reúne platos norteños como las empanadas o pampeanos como el asado. Los dulces son muy difundidos en todas sus variedades.

Pampeana

La Pampa, Sur de Santa Fe, Sur de Córdoba y Buenos Aires. Las guitarras son el instrumento clásico. Y la milonga el ritmo más popular.

El asado es la expresión culinaria por excelencia.

Patagonia

La música y expresiones folklóricas del sur argentino han sido tomadas casi con exclusividad de la cultura mapuche.

La cocina se destaca por los pescados y el cordero patagónico.

CREENCIAS POPULARES

| LAS DEVOCIONES POPULARES |

En cada región de la Argentina, los pueblos han rendido culto a diversos santos populares. Estas figuras no han llegado a ser reconocidas por la Iglesia Católica (en ocasiones por falta de pruebas, en otras porque se hayan en proceso de estudio), pero despiertan fervor, admiración y devoción por miles y miles de individuos que en cada una de sus festividades conforman increíbles actos de veneración. Los siguientes son los santos populares más admirados:

La difunta Correa

Una de las devociones populares más antiguas y conocidas de la Argentina tiene comienzo cuando en el año 1835, en la ciudad de San Juan, un criollo de apellido Bustos es deportado a la Rioja por un comisario unitario, Rancagua, que pretendía a su esposa Deolinda Correa. Eran épocas de fuertes conflictos políticos internos en el país.

Deolinda, quien rechazó firmemente los avances amorosos del comisario, entendió que no podía seguir viviendo en el pueblo, porque el acoso del despechado sería insoportable, y resolvió entonces seguir a su marido.

Para esto debía atravesar el desierto sanjuanino, lo que en aquellos tiempos era una empresa extremadamente dificultosa. Pero lo peor del caso es que debería llevar con ella a su hijo de pocos meses de edad.

Pese a sus denodados esfuerzos y a su inmenso espíritu, la joven Deolinda no pudo sobrevivir a las extremas temperaturas y, sobre todo, a la falta de agua. En un último esfuerzo subió a un pequeño cerro llamado Pie de Palo para desde lo alto orientarse en busca de ayuda, pero no pudo más y bajo unas rocas donde se cobijó para proteger a su hijo del ardiente sol del desierto, encontró la muerte. Viéndose morir, pidió al Cielo que permitiese que sus pechos se mantuvieran con vitalidad para que su pequeño hijo pudiera seguir viviendo aunque ella pereciera.

Unos arrieros que pasaban por el lugar vieron aves carroñeras volando en círculos, lo que les dio un indicio de que en ese cerro había una presa, cosa rara en ese lugar sin ganado suelto. Otras versiones indican que cabalgaban guiando a su tropilla y de pronto oyeron el inesperado llanto de un niño que venía del monte. Lo cierto es que detuvieron su marcha y treparon al cerro. Allí descubrieron el cuerpo muerto de Deolinda y a su bebé, que seguía vivo y alimentándose de su pecho. Profundamente impresionados por la escena, enterraron a Deolinda Correa en las proximidades de Pie de Palo. Los gauchos se maravillaron del milagro y rescataron a la criatura.

El acontecimiento milagroso se conoció rápidamente en la región.

En Vallecito, provincia argentina de San Juan, lugar donde fue hallado el cadáver de Deolinda, se levantó más adelante un santuario que es, desde hace muchos años, visitado por miles de personas, que le piden y obtienen favores.

Un ruego típico es: "Difunta, ánima bendita, por tu muerte, quizá más cruel que mi vida, estarás más cerca de Dios. Ayúdame, hazme el milagro... etc."

En ese santuario hay un museo que expone toda clase de ofrendas: vestidos de novia (la fundación que cuida el lugar los presta a novias de bajos recursos), de comunión, maquetas de casas y de autos que pudieron adquirirse gracias a la mediación de la Difuntita, y un limosnero que se usa para obras de caridad.

Además del santuario principal, en todo el país, e incluso en el vecino país de Chile, se yerguen pequeños altares que contienen una imagen, que representa a la joven muerta, acostada con el brazo extendido, en busca quizás de agua o de ayuda, y al bebé que toma de su pecho. Los promesantes llevan ahí sus ofrendas: la más común es una botella que contiene agua, porque la pobrecita murió de sed.

Una de las promesas más frecuentes que se le hacen a la Difuntita es llevar, a su santuario principal, una botella con agua que se ha llenado en la casa de quien hace la promesa, lo que implica una peregrinación hasta los santuarios.

En estas capillitas se encuentran también flores de papel, naturales, de plástico, velas y distintos exvotos, como rosarios o escarpines.

Pese a los numerosos intentos de sus muchos fieles, la Iglesia nunca aceptó el culto a la difunta Correa de manera oficial.

Juana Figueroa

El 21 de marzo de 1903, un hombre mató a su mujer en las inmediaciones de la actual terminal de ómnibus de la ciudad de Salta. Este episodio, que difícilmente ocuparía más de tres columnas en las páginas policiales de hoy, derivó, por una extraña determinación popular, en la máxima devoción popular de Salta, exceptuando, claro, las "oficiales".

La mujer asesinada se llamaba Juana Figueroa, una mujer que en vida no protagonizó ninguna clase de evento memorable, más que el de su propia muerte. O su belleza, que dicen que era mucha.

Rezan las crónicas periodísticas: "Ayer por la tarde, dos niños que jugaban entre los matorrales del canal del Estado, cerca del cementerio, encontraron el cadáver de una mujer que murió como consecuencia de un golpe en la cabeza. Las averiguaciones realizadas por los policías permitieron establecer que la víctima fue una mujer llamada Juana Figueroa de Heredia, de 22 años, dedicada a los quehaceres domésticos. Su esposo, Isidoro Heredia, un carpintero de 42 años, que fue detenido más tarde, confesó que había matado a su mujer con un hierro luego de una agria discusión. Versiones recogidas en fuentes extraoficiales permiten suponer que el drama se habría suscitado como desenlace de graves desavenencias conyugales".

Lo que sí pudieron comprobar los peritajes y las confesiones del agresor fue que Isidoro Heredia, posiblemente por celos, fracturó de un golpe el cráneo de Juana y abandonó su cadáver en el lugar del hecho.

Trascendidos bastante verosímiles parecen indicar que Juana había cometido reiteradas infidelidades, con varios hombres distintos.

Al parecer, Juana frecuentaba, por las noches, los bares cercanos a la Estación Terminal, con fines de diversión, tal vez algo "picantes", donde entonces, como ahora, tenían su epicentro las diversiones nocturnas.

Y si bien dice la tradición popular que "el marido es el último en enterarse", parece que alguien se lo comentó a Isidoro, quien la buscó hasta encontrarla y consiguió, con promesas o con amenazas, que la mujer lo acompañara de regreso a su casa.

Por lo que infirieron los policías y tal como corroboró Isidoro más tarde en su confesión, por el camino comenzó una discusión que fue subiendo de volumen y culminó cuando Isidoro tomó un hierro que asomaba entre los yuyos y golpeó a Juana mortalmente en la cabeza. Isidoro, claro, fue preso. Hasta aquí, la historia.

EL CULTO

Al poco tiempo del asesinato, mientras el marido homicida se disponía a purgar los 17 años de prisión que le aplicaron los jueces, comenzó a acudir la gente a la tumba de Juana y comenzaron a alumbrar las velas que trasformaron a la difunta en alma milagrera.

Nadie sabe cómo empezó esa forma de culto. En la única cuestión en la que todos los historiadores y antropólogos coinciden es en el comportamiento escandaloso y poco devoto que se adjudicaba a la muerta.

Según la opinión popular y generalizada, Juana Figueroa había sido una mujer infiel, coqueta, seductora y con marcada inclinación por la bebida y las fiestas.

Pero hoy se yerguen en Salta pequeños altares que no sólo honran su memoria y recuerdan su muerte violenta: a Juana se le piden favores y parece que los escucha.

"La Juana" pasó a ser una mártir popular. El pueblo no se detiene a analizar su actitud, por el contrario, intenta comprender la debilidad de la mujer, especula con su relación matrimonial y qué hechos íntimos provocaron su infidelidad.

La devoción a Juana Figueroa se extendió por toda Salta y es así que la convirtió en mito, por lo que todos los lunes la que fue su casa se llena de fieles (especialmente mujeres), con los más diversos pedidos, iluminando el lugar con millares de velas que dan un espectáculo único.

Juana Figueroa, la que para muchos pacatos sería sólo una infiel mujer, para el pueblo es un mito capaz de servir de nexo con el Creador.

El Gauchito Gil

Según narra la leyenda, cuyos orígenes históricos se han perdido, o bien son inciertos, Antonio Gil Núñez nació en el año 1847, en Mercedes, provincia de Corrientes.

Sobre su vida se han podido compilar varias anécdotas: de la primera que hay noticias es de que tuvo un enfrentamiento con un comisario que pretendía a su mujer: este hecho, que él no buscó, lo forzó a huir del pueblo, ya que planteaba un conflicto definitivamente desigual. Antonio era un gaucho joven y pobre y junto al comisario se alineaban todas las fuerzas de la política. Por supuesto, la acusación que cayó sobre él y lo hizo huir no fue la de conquistar a la muchacha más bonita del pueblo sino la, falsa, de atentar contra la autoridad.

Luego se alistó como soldado en la Guerra de la Triple Alianza y estuvo cinco años en ella. Terminada la Guerra, Antonio Gil fue convocado por el ejército federal para luchar contra los unitarios, pero como no estaba de acuerdo con las luchas civiles huyó con dos compañeros y comenzaron una vida errante siempre escapándose de la autoridad.

Vivían del ganado robado que compartían con los campesinos más necesitados. Esto hizo que la gente humilde de los poblados más apartados lo quisieran y vieran en él una especie de justiciero, ya en aquellas épocas se notaba una gran concentración de tierras y de ganado en pocas manos, mientras los demás debían trabajar servilmente por muy poco dinero o por pago en mercaderías.

Un año después una partida militar lo detuvo con la orden de llevarlo a ser juzgado a Goya (como desertor seguramente le correspondería la pena capital), pero apenas comenzada la marcha los soldados lo tiraron al suelo, le ataron los pies con una soga larga y lo colgaron de un algarrobo cabeza abajo.

Antonio supo de inmediato lo que le iba a pasar: muchas veces, las partidas militares se "ahorraban el trabajo" de llevar a los reos hasta su lugar de enjuiciamiento, y los ejecutaban sin más trámite a la vera de algún camino. Luego dirían que había habido un intento de fuga, o cosa parecida.

Antonio miró a la persona que se le acercaba cuchillo en mano para degollarlo y pronunció sus últimas palabras: "Cuando vuelvas a tu casa, encontrarás a tu hijo muy enfermo pero si mi sangre llega a Dios, juro que volveré en favores para mi pueblo".

Sin prestarle atención, con la cruel parsimonia de un asesino profesional, el soldado lo degolló.

Pero varios días después el soldado vuelve a su casa y se encuentra con su esposa desesperada y su pequeño hijo muy enfermo. Inmediatamente recordó las palabras de advertencia de Gil y supo que eran una premonición y un aviso.

Arrepentido vuelve al lugar donde lo han matado y han dejado para alimento de los animales y le da sepultura respetuosa. Se hinca humildemente sobre la tumba recién hecha y le ruega por la salud de su pequeño hijo.

Cuando vuelve a su casa, recibe la noticia de que el chico se recuperó milagrosamente, más o menos a la misma hora en que él se solía postrar a pedir.

EL CULTO

Como suele suceder con este tipo de noticias, se expandió rápidamente por toda la rural de la provincia de Corrientes.

Pronto el gaucho justiciero se hizo fama de protector y milagrero.

En la imagen que se venera del gaucho se destaca un rostro joven, con bigotes de largos cabellos ondulados sujetados con una vincha roja como rojos son su pañuelo y su faja.

Esa imagen sostiene en su mano derecha las boleadoras con las que cuatrereaba (término rural que alude al robo de ganado) vacas que compartía con los necesitados.

Su cabeza en el centro de una enorme cruz da cuenta de la homologación con Cristo en cuanto ser sacrificado y divinizado, glorificación reforzada por los haces de luz dorada que lo rodean como un aura sagrada.

Su condición nacionalista, argentina, está reforzada por los colores del cielo con los que está rodeado, claramente celeste y blanco, por el celeste de su camisa y sus bombachas de campo blancas.

Hay impresas estampitas con esta imagen, cuya oración suele decir: "Gauchito Antonio Gil: humildemente te pido intercedas ante Dios para que se cumpla el milagro que tanto necesito. Te prometo que cumpliré mi promesa y te brindaré mi fiel agradecimiento, hoy y todos los días de mi vida".

Es costumbre de todos los camioneros o conductores que pasen frente a su santuario, tocar bocina para saludarlo o detenerse para elevar una oración.

A los lados del camino de muchas provincias podemos encontrar pequeños altares plagados de cintas rojas y testimonios de alguna promesa cumplida.

Cada aniversario de su muerte seguidores de este "santo" llevan la cruz del santuario hasta la iglesia de Mercedes, donde es bendecida y luego regresan en procesión. La ciudad de Mercedes recibe cada 8 de enero a miles de fieles y promesantes que se dirigen al santuario, donde se puede apreciar la enorme cantidad de placas que dan cuenta de los favores recibidos.

La mayoría de los fieles es de fe católica, pese a que la Iglesia oficial nunca quiso reconocer el culto.

El santuario es un simple tinglado de chapas que protege la tumba del difunto, que es de piedra y está llena de placas.

Los fieles encienden velas y tocan la tumba antes de tomar asiento en los largos bancos de madera, no es raro ver a músicos que le regalan canciones.

Las ofrendas mas frecuentes al Gauchito son banderas rojas en forma de triángulos, velas rojas además de otras ofrendas, preferentemente de color rojo, que evocan la sangre del degollado.

Las reuniones de fieles incluyen bailes, sobre todo el baile típico del litoral correntino, el chamamé, y consumo de bebidas alcohólicas.

El Gaucho Bazán Frías

La historia del tucumano Andrés Bazán Frías cuenta que fue criado en el seno de un hogar humilde y bien constituido.

Su padre era policía, tal vez por eso asombró tanto que en su juventud, luego de haber probado fortuna en varios trabajos decentes, Andrés Bazán Frías se dedicara a delinquir, cosechando en su prontuario numerosos robos y crímenes. Es a partir de ese momento que se lo conoce en el mundo delictivo como "El Manco".

Fue detenido y condenado a prisión en la ciudad de San Miguel de Tucumán, pero con la ayuda de su amigo Martín Leiva planean una fuga.

Cuando el oficial de guardia abre el portón de entrada, los dos presos (que han obtenido quién sabe cómo un par de revólveres) ganan la calle en busca de libertad. Pero se encontraron con dos policías que venían entrando al penal. Bazán, luego de una pequeña balacera, consiguió que uno de los policías desistiese de seguirlo. Y el Manco consiguió escapar.

Pero su amigo Leiva mató de un balazo al subteniente de policía, Juan Cuezzo, y fue detenido por los refuerzos que llegaban en ese momento.

A partir de ese momento Bazán Frías tuvo una obsesión: "Necesito encontrar hombres de coraje que me acompañen a cumplir mi sueño –decía– quiero asaltar la Penitenciaría y darle libertad a todos mis amigos".

En tanto y mientras planeaba la concreción de su meta se dedicaba a delinquir, desafiando abiertamente a la policía que lo consideraba un peligro público.

Pero aunque era considerado un delincuente peligroso, sus seguidores entendían que lo que hacía era protegerse de la injusticia policial y repartir su dinero con los pobres y necesitados.

En enero de 1923 se encontraba con dos cómplices en una casilla donde se escondía cuando fue sorprendido por la policía. Aunque sus cómplices fueron detenidos, Bazán Frías escapó corriendo, cubriendo su huida a los tiros.

Su huida, de todos modos, terminó contra el paredón del cementerio, donde murió de un balazo en el cuello disparado por uno de sus perseguidores, mientras se encontraba colgado tratando de saltar hacia adentro.

EL CULTO

Casi al instante de su muerte comenzó la leyenda: El delincuente Manco Bazán dejó paso al Gaucho Bazán Frías.

La leyenda dice que el fugitivo no pudo ingresar al cementerio porque cuando iba a saltar se encontró con el alma de un sargento de policía que él había matado y la impresión lo paralizó; siendo la imagen del fantasma la última visión que se llevó de este mundo.

También dicen que su padre lo veló esa noche en el mismo cementerio y que en sus bolsillos se encontraron un crucifijo, un escapulario y una medallita, además de una copia de la orden de su captura.

Estos elementos religiosos, sumados a que un incendio misterioso hizo desaparecer su prontuario, llevaron a que la imagen de Bazán en la memoria de sus fieles tuviese aristas sobrenaturales.

Por otra parte, y como según las creencias populares, en los lugares sagrados, como un campo santo, no se mata, reforzó la injusticia de su muerte.

Por esto se espera que quien fue en vida un perseguido por la injusticia y repartió el producto de sus robos entre los pobres, ahora, después de muerto, seguramente los ayudará en sus problemas de salud, de trabajo o de amores

Hoy su tumba en el Cementerio del Norte, en su Tucumán natal, no se diferencia mucho de la tumba de otros venerados en tantos lugares de la Argentina y de Latinoamérica: muchísimas placas, velas, pedidos y los más increíbles objetos personales de sus devotos son la muestra de que el Gaucho Bazán Frías sigue junto al pueblo que lo eligió.

El Gaucho Lega

El Gaucho Olegario Álvarez, conocido popularmente como el "Gaucho Lega", nació en Saladas, Corrientes, en 1871.

Preso y condenado por asesinato logró fugarse de la Penitenciaría de la ciudad de Corrientes en 1904. A partir de ese momento integró una banda de salteadores famosa en la región.

Se cuenta que la policía le temía y la gente humilde lo protegía y admiraba porque en sus fechorías (que para la gente humilde no eran tales) ayudaba a los desposeídos.

El Gaucho Lega se ufanaba de ser invulnerable porque tenía un amuleto que lo protegía de todo peligro, una extraña cruz que había confeccionado un hechicero guaraní. De acuerdo con la leyenda, mientras conservara ese talismán no podía morir. Tal era el poder de ese objeto que cuando fue baleado con varios tiros en el cuerpo debió pedirle a sus captores que le desprendieran la cruz del cuello para poder ingresar en el otro mundo. Esto fue el 23 de mayo de 1906.

Su cadáver fue sepultado en el cementerio de Saladas, Corrientes. Su tumba está totalmente pintada de rojo y sobre ella hay numerosas placas con agradecimientos por los milagros otorgados.

EL CULTO

Posiblemente originada en los favores que hacía a la gente humilde el Gaucho Lega cuando estaba vivo, pronto su tumba, roja como la sangre que lo cubría en el momento de su muerte, comenzó a ser el centro de peregrinación de las personas que habían sido ayudadas por él.

En el lugar se ha erigido un pequeño oratorio con ofrendas para Lega y la gente visita su tumba llevándole velas, flores, y paños colorados para que el alma en pena se seque las lágrimas.

Además de curar enfermedades y dolores, otorga suerte en los juegos de azar y poder en las peleas.

Dicen que protege a los jugadores, que le hacen promesas para ganar a los naipes.

La Sibila

De esta devoción popular se confunde su origen en el tiempo.

Se cuenta que la Sibila era una niña que iba todos los días temprano por la mañana a la ciudad de Jujuy para vender los productos que traía del campo.

Un hombre que se había enamorado de ella diariamente la esperaba al costado del camino, aumentado su asedio pero sin poder vencer jamás su rechazo.

Despechado, un día intentó forzarla y ante la resistencia tenaz de la chica la violó y la mató.

El detalle más macabro ocurre cuando la policía llega al rancho del asesino: lo encuentra comiendo tiras de charqui (carne que se secaba al sol para poder aprovisionarla) que tenía colgadas en el patio de su rancho. En realidad estaba comiendo el cuerpo de la Sibila.

Esta es la versión que se tiene de la Sibila en cuanto a la narración oral que circula entre los pueblos jujeños.

Otra versión de la historia, más documentada, indica que en realidad la Sibila era una mujer de unos treinta años llamada Visitación Sivila de Jiménez, casada y separada, que hacía dos años que había constituido una pareja estable.

Un día Visitación salió a las ocho de la mañana de su casa para comprar provisiones en el pueblo más cercano. Su marido, que ya había comenzado a inquietarse, vio que a las cuatro de la tarde volvía sólo el caballo sin el ensillado. Su búsqueda resultó infructuosa ese día; algunos vecinos dijeron que la habían visto pasar rumbo a su casa alrededor de las dos de la tarde, luego el rastro se perdía. A la mañana siguiente llegó hasta un puesto policial donde consiguió acompañantes para continuar la búsqueda. Al desandar el camino, los perros que seguían la partida husmearon un rastro de sangre a orillas de la ruta.

Descubrieron otro rastro, el de un cuerpo arrastrado en la espesura del monte, hasta que finalmente vieron una especie de túmulo formado por ramas y hojas tapado por un poncho manchado con sangre. Por los pies que sobresalían entre las ramas, el marido reconoció los zapatos de su mujer, no tocaron nada y fueron a hacer la denuncia a la comisaría.

Orientada por las declaraciones de los vecinos que dijeron haber visto a un hombre desconocido que había pasado a caballo en horas que coincidían con el paso de Visitación, la policía pudo dar con el asesino. Era un muchacho de unos veinticinco años que, desde hacía poco tiempo, vivía en casa de un hermano. Al revisar su pieza, encontraron bajo la cama algunas ropas de su víctima, las provisiones que había comprado y también un pedazo de carne que había "charqueado" (dice textualmente el expediente) del muslo de la mujer.

El asesino narró su crimen con toda claridad y sin demostrar remordimiento. Era un joven feo y rudo, que nunca había asistido a una escuela ni tenía la menor instrucción religiosa. No tenía éxito con las mujeres que siempre lo rechazaban y hacía cuatro años que no tenía relaciones sexuales. Entonces vio venir por el camino una mujer sola. Primero le habló, le ofreció dinero y como ella continuaba negándose, le echó un lazo al cuello y la arrastró al monte y con su puñal terminó de matarla. Luego la violó y disimuló su cadáver con ramas cortadas de los árboles cercanos.

EL CULTO

La joven asesinada se convirtió en una "almita milagrosa" canonizada popularmente, tal vez por lo injusto de su destino.

Ceferino Namuncurá

Aunque existen dudas sobre el sitio exacto del nacimiento del joven Namuncurá, los historiadores en general sostienen que nació en un paraje cercano a Chimpay, provincia de Río Negro, Patagonia Argentina, el 26 de agosto de 1886; hijo de Rosario Burgos y del célebre cacique araucano, Manuel Namuncurá. Y en el año 1888, el misionero salesiano, Domingo Milanesio, lo bautizó cristianamente.

En 1897 ingresó al colegio de San Fernando. Tiempo después, por gestiones realizadas por el ex presidente de la Nación, Luis Sáenz Peña, fue aceptado en el colegio salesiano Pío IX de Buenos Aires.

Los escritos que hablan de su vida mencionan "que un fervoroso deseo de ayudar a su raza y la instrucción en la doctrina cristiana que recibiera fueron afirmando su vocación religiosa".

Así en 1904 parte rumbo a Italia y el 27 de setiembre de ese año, es recibido en audiencia pontificia, por el papa Pío X.

Ceferino continuó sus estudios religiosos en la ciudad de Turín, al norte de Italia, pero su precaria salud se vio seriamente afectada durante el crudo invierno. A fines de abril fue llevado a Roma en grave estado, donde falleció el 11 de mayo de 1905. Sus restos fueron repatriados en 1924 y hasta ahora descansan en la capilla de Fortín Mercedes, provincia de Buenos Aires.

En 1945 se inició la causa de beatificación para Ceferino Namuncurá, la que fue juzgada favorablemente por autoridades eclesiásticas.

EL CULTO

El "lirio de la Patagonia", como lo nombran los fieles, tuvo una vida al servicio de Cristo.

Este caso, por estar encuadrado dentro de los procedimientos de la ley católica, es aceptado por esta Iglesia dentro del culto oficial.

Año tras año, los fieles rezan por su beatificación y porque Ceferino sea consagrado finalmente santo.

Uno de los requisitos para ello es que se presenten pruebas de sus milagros.

Sobre este particular se han presentado varios casos. El último de ellos fue el de una mujer que tenía esclerosis múltiple y que, luego de invocar a Ceferino, quedó completamente curada.

Los médicos aún no pueden explicar clínicamente lo que sucedió.

Por otra parte, Ceferino carga en sus espaldas ser parte de una unión que no fue fácil: la del indígena con la religión cristiana.

Aun a pesar de ello, para sus fieles Ceferino ha superado este hecho para convertirse en un mito. Serán permanentes, durante estos días, como sucede año tras año, los testimonios que mencionarán los cambios o milagros que ha hecho "el santito" en la vida de sus seguidores.

| OTRAS LEYENDAS |

A lo largo de todo el país son muchísimas las leyendas populares que hablan de aparecidos, de seres malignos o milagrosos, de objetos que ahuyentan el mal o atraen la suerte, de quienes hay que huir o acercarse según el caso. Las leyendas más divulgadas son estas:

El Duende

Se cuenta que fue un niño sin bautismo que golpeó a su madre y que tiene una mano de hierro y una de lana. Llora como un niño y recorre los caminos preguntando a la gente con qué mano desea que lo golpee. Es típico del norte.

El Lobisón

Procedente de Brasil, es una leyenda muy popular en la mesopotamia. Se cree que el séptimo hijo varón de una familia puede convertirse en lobisón las noches de luna llena. Al convertirse come carne o carroña y luego, sus víctimas, pueden padecer su misma maldición.

El Pombero

Es similar al duende, pero lleva los pies al revés para dificultar su rastreo. Además puede tomar la forma de cualquier animal. Octubre y noviembre son los meses en los cuales aparece. Se cree en su aparición especialmente en el noroeste y noreste. La leyenda cuenta que el pombero quiere a los niños buenos y maltrata a los malos.

La luz mala

Es una creencia muy divulgada en el noreste. Por efectos de los rayos solares en el crepúsculo y de distintos fenómenos biológicos puede verse sobre los cerros o en el campo una luz similar al reflejo de un fuego. En muchas regiones se cree que son las almas en pena de los difuntos. Por esa razón, mucha gente decide no cavar donde se ha visto la luz mala.

Otras leyendas muy divulgadas son:

- La Pachamama
- Palo borracho
- La Salamanca
- Alma-mula
- Telesita
- El basilisco
- El hombre de la bolsa
- El sachayo
- La viuda
- Duendes y Gnomos
- Coquena
- y muchas más...

MÚSICA FOLKLÓRICA

| LOS INSTRUMENTOS |

La extensa y rica música folklórica guarda lugar para los más variados instrumentos idiófonos, membranófonos, cordófonos y aerófonos. Los principales o los más divulgados son:

- Acordeón
- Bandoneón
- Bombo
- Charango
- Flauta
- Guitarra
- Quena
- Tambor

Pero en las diferentes regiones y peñas folklóricas o comunidades aborígenes, podemos encontrar los siguientes instrumentos:

- Anata
- Birimbao
- Erke
- Mandolín
- Mbiké
- Naseré
- Ocarina
- Pinkullo
- Redoblante
- Sereré
- Tiple
- Violín Toba
- Violín Chiriguano
- Tambor de dos parches

- Armónica
- Caja
- Kultrun
- Maraca
- Mimby
- Natajiasole
- Piloilo
- Platillos
- Requinto
- Sistro
- Triángulo

- Arpa
- Carraca o Matraca
- Chiriguano (silbato de madera)
- Erkencho (clarinete de cuero)
- Flauta tucumana
- Flautilla jujeña
- Guitarra Mbyá
- Palo sonajero
- Siku o Antara (flauta de pan)
- Sonajero de calabaza
- Sonajero de cascabeles
- Sonajero de uña
- Tambor o timbal de agua
- Trompeta de caña y colihue

| DANZAS Y RITMOS |

Principales danzas

Pericón:

Originario de la Argentina y Uruguay, es una danza derivada del Cielito. Se acompaña de guitarras y se detiene la música para que los bailarines digan coplas.

Chacarera:

Se baila con parejas sueltas. Surgió a mediados del siglo XIX. Es una danza viva, es decir, que se sigue practicando en todo el país. Hoy existen 4 variantes principales: la tucumana, la santiagueña, la cordobesa y la chaqueña. También se conocen las chacareras trunca, larga y doble.

Zamba:

Es la danza más popular de nuestro folklore junto a la mencionada chacarera. Fue una danza difundida en todo el territorio.

Carnavalito:

De origen colonial esta danza se bailó en toda América desde la época de la conquista. Hoy es muy bailado en Jujuy, Salta, Catamarca y La Rioja.

Malambo:

Surgido en la región central y pampeana. Es una danza de zapateos realizada por hombres. Se distinguen dos variantes.

Por un lado la norteña, más ágil y ruda. Y por el otro, la sureña, de la zona pampeana, más suave y delicada.

Las boleadoras sólo forman parte del malambo en presentaciones artísticas y espectáculos teatrales.

Gato:

Danza popular de parejas sueltas e independientes que se bailó en casi todo el territorio nacional y en otros países de la región pero sin la trascendencia que tuvo en nuestra tierra.

Cielito:

Danza surgida en los años de la Revolución de Mayo. Mediante los ejércitos libertadores se trasladó a Uruguay, Paraguay, Chile y Bolivia.

Otros ritmos

Escondido:

Danza popular, picaresca y de parejas sueltas que se bailó mucho hasta la primera mitad del siglo XX.

Gato correntino:

Ritmo nacido en la provincia de Corrientes derivado del Gato y del Triunfo. Se baila con parejas sueltas e independientes.

Jota cordobesa:

Ritmo derivado de la jota española. Pertenece al folklore vivo y se baila en Córdoba, San Luis y La Rioja.

Tunante:

Danza de la zona de Tucumán y Catamarca.

Pollito:

De parejas sueltas e independientes. Se baila de a 2 parejas.

Cueva:

Similar a la zamba. Ingresó al país desde Chile, procedente de Perú.

Bailecito:

De origen inca, es un ritmo confuso pero que se extendió por Jujuy, Salta, Catamarca, Santiago del Estero, Córdoba y Tucumán. Pertenece al folklore vivo.

Media caña:
Danza derivada del Cielito y el Pericón.

Aires:
Se extendió por muchas provincias, pero especialmente en el noroeste y noreste. Se lo conoció también como Gato con relaciones.

Tampoco podemos dejar de mencionar otras danzas como:

- Amores
- Carmaba
- Condición
- Guachito
- Zamba alegre
- Chamarrita
- Pala Pala
- Remesura
- Firmeza
- Bailecito norteño
- Arunguita
- Triunfo
- Huella
- Salta Conejo
- Tuaj
- Prado
- Cuando

| CANCIONERO |

ZAMBA DE MI ESPERANZA
Letra y música: Luis Morales

Zamba de mi esperanza,
amanecida como un querer.
Sueño, sueño del alma
que, a veces, muere sin florecer.

Zamba, a ti te canto,
porque tu canto derrama amor.
Caricia de tu pañuelo,
que va envolviendo mi corazón.

¡Estrella: tú que miraste,
tú que escuchaste mi padecer;
estrella, deja que cante;
deja que quiera como yo sé!

El tiempo que va pasando,
como la vida no vuelve más.
El tiempo me va matando
y tu cariño será, será.

Hundido en horizonte,
soy polvareda que al viento va.
Zamba, ya no me dejes.
Yo, sin tu canto, no vivo más.

///

ALFONSINA Y EL MAR

Letra: Félix Luna / Música: Ariel Ramírez

Por la blanda arena que lame el mar
tu pequeña huella no vuelve más.
Un sendero sólo de pena y silencio
llegó hasta el agua profunda.

Un sendero sólo de penas mudas
llegó hasta la espuma.

Sabe dios qué angustia te acompañó
qué dolores viejos calló tu voz,
para recostarte arrullada en el canto
de las caracolas marinas,
la canción que canta en el fondo oscuro
del mar las caracolas.

Estribillo:
Te vas, Alfonsina, con tu soledad
qué poemas nuevos fuiste a buscar,
una voz antigua de viento y de sal
te requiebra el alma, y la está llevando;
y te vas hacia allá como en sueños
dormida, Alfonsina, vestida de más.

Cinco sirenitas te llevarán
por caminos de algas y de coral,
y fosforecentes caballos marinos
harán una ronda a tu lado,
y los habitantes del agua van a jugar
pronto a tu lado.

Bájame la lámpara un poco más,
déjame que duerma nodriza en paz,
y si llama él no le digas que estoy,
dile que Alfonsina no vuelve,
y si llama él no le digas nunca que estoy,
di que me he ido.

EL ARRIERO
Letra y música: Atahualpa Yupanqui

En las arenas bailan los remolinos,
el sol juega en el brillo del pedregal,
y, prendido en la magia de los caminos,
el arriero va, el arriero va.

Es bandera de niebla su poncho al viento,
lo saludan las flautas del pajonal,
y, guapeando en la senda por esos cerros,
el arriero va, el arriero va.

Las penas y las vaquitas
se van por la misma senda,
las penas y las vaquitas
se van por la misma senda.
Las penas son de nosotros,
las vaquitas son ajenas,
las penas son de nosotros,
las vaquitas son ajenas.

Un degüello de soles muestra la tarde,
se han dormido las luces del pedregal,
y, animando la tropa dale que dale,
el arriero va, el arriero va.

Amalaya la noche traiga recuerdos
que hagan menos pesada la soledad,
como sombra en la sombra por esos cerros
el arriero va, el arriero va.

Las penas y las vaquitas
se van por la misma senda,
las penas y las vaquitas
se van por la misma senda.
Las penas son de nosotros,
las vaquitas son ajenas,
las penas son de nosotros,
las vaquitas son ajenas.

///

PIEDRA Y CAMINO

Letra y música: Atahualpa Yupanqui

Del cerro vengo bajando
camino y piedra
traigo enredada en el alma, viday
una tristeza

Me acusas de no quererte
no digas eso
tal vez no comprendas nunca, viday
porque me alejo

Es mi destino
piedra y camino
de un sueño lejano y bello, viday
soy peregrino

Por más que la dicha busco,
vivo penando
y cuando debo quedarme, viday
me voy andando

A veces soy como el río
llego cantando
y sin que nadie lo sepa, viday
me voy llorando

Es mi destino,
piedra y camino
de un sueño lejano y bello, viday
soy peregrino

///

ZAMBA DEL GAUCHO GUERRERO

Letra y música: Hernán Figueroa Reyes

En tiempos en que la patria
necesitaba valientes
el gaucho Martín se puso a pelear
entrevera'o con su gente.

Del Alto Perú venían
entraban en Humahuaca
y ay nomás Martín los salió a topar
con boleadoras y lanzas.

Donde termina la calle
va levantándose el cerro
allí está Martín
don Martín Miguel
con sus cien gauchos de fuego.

Y su guardamonte al aire
serpenteaba las saitillas
sabiendo quizás que la muerte cruel
rondaba en Las Higuerillas.

Al alba se sintió un grito
desgarrando todo el valle
¡murió don Martín!
¡murió don Martín!
¡lo está llorando el gauchaje!

///

LA LÓPEZ PEREIRA

Letra y música: Artidorio Cresceri

Yo quisiera olvidarte; me es imposible, mi bien, mi bien,
Tu imagen me persigue: tuya es mi vida, mi amor también.
Y cuando pensativo yo solo estoy, deliro con la falsía
con que ha pagado tu amor, mi amor.

Si yo pudiera tenerte a mi lado todo el día,
de mis ocultos amores, paloma, te contaría.

Pero, es inútil mi anhelo, jamás, jamás.
Vivo sólo para amarte, callado y triste: llorar, llorar.

Me han dicho que no me quieres; pero eso no es un motivo.
Me privas de tus mirada, mi alma; sin ella no vivo.
Voy a esconderme a una selva sólo a llorar.
Pueda ser que, en mi destierro, tus ojos negros pueda olvidar.

Un día, de mañanita, al cielo azul miré, miré.
Contemplando a las estrellas, a la más bella le pregunté
si era ella la que alumbraba mi amor, mi amor;
para pedir por ella, al Dios piadoso, resignación.

///

A MONTEROS
Letra y música: Pedro Favini y Chango Nieto

A ella que le gusta que todos la nombren
con una guitarra y un bombo legüero,
a ella que le gusta que le enciendan coplas
por eso te nombra mi canto Monteros.

A ella que me viera de chango mirando
al ingenio tibio corazón de hierro,
a ella que las cañas la visten de verde
por eso te nombro en mi canto Monteros.

Y más dulce que tus guarapos
son las niñas que hay en tu pueblo,
sé que por tus venas de azúcar despierta
toda la alegría mi linda Monteros.

A ella que el poeta la vio tempranera
tarareando duendes de vinos pateros
y dejó en su cielo la rosa galana
por eso te nombra mi canto Monteros.

A ella que en noviembre le pide a los grillos
otra vez el canto del hombre zafrero,
a ella que le gusta que le enciendan coplas
por eso te nombra mi canto Monteros.

///

ENTRE A MIS PAGOS SIN GOLPEAR

Letra: Pablo Raúl Trullenque / Música: Carlos "Peteco" Carabajal

Fue mucho mi penar
andando lejos del pago
tanto correr
pa' llegar a ningún lado
y estaba donde nací
lo que buscaba por ahí.

Es oro la amistad
que no se compra ni vende.

Sólo se da
cuando en el pecho se siente.
No es algo que se ha de usar
cuando te sirva y nada más.

Así es como se dan
en la amistad mis paisanos
Sus manos son
pan cacho y mate cebado
y la flor de la humildad
suele a su rancho perfumar.

La vida me han prestao
y tengo que devolverla
cuando el Creador
me llame para la entrega.
¡Que mis huesos piel y sal
abonen mi suelo natal!

La luna es un terrón
que alumbra con luz prestada
solo al cantor
que canta coplas del alma.
Le estalla en el corazón
el sol que trepa por su voz.

Cantor para cantar
si nada dicen tus versos
hay, para que
vas a callar al silencio
si es el silencio un cantor
lleno de duendes en la voz.

Mi pueblo es un cantor
que canta la chacarera.
No ha de cantar
lo que muy dentro no sienta
cuando lo quiera escuchar
entre a mi pago sin golpear.

La vida me han prestao
y tengo que devolverla
cuando el Creador
me llame para la entrega.
¡Que mis huesos piel y sal
abonen mi suelo natal!

///

ZAMBA DE LOZANO

Letra: Manuel Castilla / Música: Gustavo "Cuchi" Leguizamón

Cielo arriba, de Jujuy,
Camino a la puna me voy cantar,
Flores de los tolares
Bailan las cholitas el carnaval.

En los ojos, de las llamas,
Se mira solita la luna de sal.
Y están los remolinos
En los arenales dele bailar.

Ramita de albahaca, niña Yolanda dónde estará.
Atrás se quedó alumbrando su claridad.
Flores de los tolares
Bailan las cholitas el carnaval.

Jujeñita, quién te vio,
En la puna triste te vuelve a querer,
Mi pena se va al aire,
Y en el aire llora su padecer.

Me voy yendo, volveré,
Los tolares solos se han vuelto a quedar,
Se quemarán tus ojos,
zamba enamorada del carnaval...

///

SALTEÑITA DE LOS VALLES
Letra y música: Horacio Guaraní

Salteñita de los valles
alto vuelo sin amor
no te vayas por el aire
prestame tu corazón.

Claro cielo de tus ojos
aletear de colibrí
cafayateñita linda
no te hagas la que no oís.

Y al alba yo haré
en tu pecho una flor
mejor que el jacarandá
y en la Salamanca de Cafayate
con vino del moro te'i de machar
ya verás qué lindo cuando amanezca
machadita ya de andar.

Ya me voy de Cafayate
no quiero verte llorar,
cuando escuches esta zamba
sobre el viento y regresar.

Bailaré siempre esta zamba,
bailaré hasta el aclarar
porque cuando bailo siento
cómo me hace zapatear.

Y al alba yo haré
en tu pecho una flor
mejor que el jacarandá
y en la Salamanca de Cafayate
con vino del moro te'i de machar
ya verás qué lindo cuando amanezca
machadita ya de andar.

///

CHACAY MANTA
Letra: Víctor Ledesma / Música: Hermanos Ávalos

*Muy adentro del corazón
donde palpita la vida
siento como un comezón
hay ser mi prenda querida.*

*Cuando pasé por tu rancho
muy cerca 'e la madrugada
machadito con alhoja
te'i cantar una vidala.*

*Anoche antes de dormirme
debajo un cielo nublado
de pensar en tus ojitos
vi todo el cielo estrellado.*

*Chacay Manta de ande soy
mei' traido esta chacarera
pa' bailarla alguna vez,
pero no una vez cualquiera.*

*Una moda hay en mi pago
qué moda más divertida,
hacemos machar las viejas
en medio de las comidas.*

*Una moda hay en mi pago
qué moda más lisonjera,
cuando se machan las viejas
bailamos la noche entera.*

Hay una que es la más linda
de las modas de mi pago,
quien la quiera conocer
que viva un tiempo en Santiago.

Chacay Manta de ande soy
mei' traido esta chacarera
pa' bailarla alguna vez,
pero no una vez cualquiera.

///

BALDERRAMA

Letra: Manuel Castilla / Música: Gustavo "Cuchi" Leguizamón

A orillitas del canal
cuando llega la mañana
sale cantando la noche
desde lo de Balderrama.

Adentro puro temblor
el bombo con la baguala
y se alborotan quemando
dele chispear las guitarras.

Luceros solitos
brotes del alba
dónde iremos a parar
si se apaga Balderrama.

Si uno se pone a cantar
un cochero lo acompaña
y en cada vaso de vino
tiembla el lucero del alba.

Zamba del amanecer
arrullo de Balderrama
canta por la medianoche
llora por la madrugada.

///

CUEQUITA DE LOS COYAS
Letra: Oscar "Cacho" Valles / Música: Antonio Pantoja

Burrito....
Vamos pal poblao
que quiero meter bulla
porque estoy enamorao
Ponchito...

Blanco y colorao
tapame que hace frío
todavía no me'i machao.

A Jujuy ya me voy
festejando Humahuaca esta
la fiesta de la chaya
porque llega el carnaval.

Llevaré...
coca y almidón
y un ramito de albahaca
pa' robarte el corazón.

Y al volver...
cholita mía
te llevaré conmigo
para toda la vida.

///

EL ALAZÁN

Letra y música: Atahualpa Yupanqui

Como una cinta de fuego
galopando, galopando
crin revuelta en llamaradas
mi alazán, te estoy nombrando.

Trepo la sierra con luna
cruzo los valles nevando
cien caminos anduvimos
mi alazán, te estoy nombrando.

Oscuro lazo de niebla
te pialo junto al barranco,
¿cómo fue que no lo viste?
¿qué estrella estabas buscando?

En el fondo del abismo
ni una voz para nombrarlo,
solito se fue muriendo
mi caballo, mi caballo.

Sobre la horqueta de un tala
hay un morral solitario,
hay un corral sin relinchos
mi alazán, te estoy nombrando.

Si como dicen algunos
hay cielos pa'l buen caballo,
por ahí andará mi flete
galopando, galopando.

Oscuro lazo de niebla
te pialo junto al barranco,
¿cómo fue que no lo viste?
¿qué estrella estabas buscando?
Solito se fue muriendo
mi caballo, mi caballo.

///

A DON ATA

Letra y música: Mario Álvarez Quiroga

Por el camino del indio
el ánima de Don Ata

en su alazán montado
lo vio pasar la vidala,
el aire del cerro,
las flores del valle
se le enredan en el alma
ay, ay, ay, a Don Ata.

Una luna tucumana
que alumbra piedra y camino
y junto a la pobrecita
lo lloran montes y ríos,
por Tafí Del Valle
campos de acheral
también por la Banda y Lules
igual por Amaichá.

La criollita santiagueña
para aliviarla del frío
le teje un poncho pampa
al payador perseguido,
allá por Barrancas
y por Salavina
la humilde con la vidala
le busca guarida.

Ahí anda Don Atahualpa
por los caminos del mundo,
por una copla por lanza
marcando los cuatro rumbos,
que Dios lo bendiga,
lo tenga en la gloria,

por tantos recuerdos lindos
y por su memoria.

Un arriero solitario
pasó por Altamirano,
con un silbo nostalgioso
en busca de sus hermanos,
arriando sus penas
por no encontrarlo
se fue yendo despacito
del pago entrerriano.

Se viene aclareando el día
por el Cerro Colorado
y en las esquinas del churqui,
se estrella un rayo cortado,
despierta la añera
por la gulchaqueña
San Francisco del Chañar
y también Santa Elena.

Un aire de Buenos Aires
le dio su canto de viento
y se durmió en una huella
en un estilo sin tiempo,
allá en Pergamino,
tal vez Santa Rosa,
lo llora toda La Pampa
en una bordona.

Ahí anda Don Atahualpa
por los caminos del mundo,
por una copla, por lanza,
marcando los cuatro rumbos
que Dios lo bendiga,
lo tenga en la gloria,
por tantos recuerdos lindos
y por su memoria.

///

LUNA TUCUMANA

Letra y música: Atahualpa Yupanqui

Yo no le canto a la luna
porque alumbra nada más
le canto porque ella sabe
de mi largo caminar (BIS)

Ay, lunita tucumana,
tamborcito calchaquí,
compañera de los gauchos
en la senda del tafí (BIS)

Perdido en las cerrasones
quién sabe vidita por dónde andaré,
mas cuando salga la luna
cantaré, cantaré,
a mi Tucumán querido
cantaré, cantaré, cantaré.

Con esperanza o con pena
en los campos de Acherse
yo he visto a la luna buena
besando el cañaveral (BIS)

En algo nos parecemos,
luna de la soledad,
yo voy andando y cantando
que es mi modo de alumbrar (BIS)

Perdido en las cerrasones
quién sabe vidita por dónde andaré,
mas cuando salga la luna
cantaré, cantaré,
a mi Tucumán querido
cantaré, cantaré, cantaré

///

JUAN DE LA CALLE

Letra y música: Chaqueño Palavecino

Soy nacido en cualquier villa,
me llaman Juan de la calle,
diarero por la mañana
y lustrabotas de tarde.
Soy nacido en cualquier villa,
me llaman Juan de la calle.

A mí me enseñó el baldío
a gambetear por la orilla
que la vida por el centro
le pone la zancadilla.
A mí me enseñó el baldío
a gambetear por la orilla.

Mi barquito de ilusión
rema contra la corriente
y con el hilo del alma
busca el sol mi barrilete.
Mi barquito de ilusión
rema contra la corriente.

Mi padre en un carro viejo
pasó comprando botellas
y si la vida no cambia
yo he de seguir con su estrella.
Mi padre en un carro viejo
pasó comprando botellas.

Como soñar nada cuesta
yo tiro al río mi anzuelo
a ver si una noche de estas
puedo enganchar el lucero.
Como soñar nada cuesta
yo tiro al río mi anzuelo.

Al terminar la jornada
no tengo mejor fortuna
que meterme en los bolsillos
la moneda de la luna.

Al terminar la jornada
no tengo mejor fortuna.

Estribillo
Soy de una villa y disculpe
el diablo en cualquier lugar,
el indio de la comparsa
cuando llega el carnaval
Soy de una villa y disculpe
el diablo en cualquier lugar.

///

EL PORQUÉ

Letra y música: José Larralde

Bendito el que hizo el porqué
pa disculpas de los males.
Si te lo queres sabier
preguntá y después contále.

Porque tengo razón,
que no tengo razón,
que me falla un ojal,
que me sobra un botón,
porque sí, porque estoy,
porque no, que me voy,
porque soy, porque doy
porque fui.

Preguntale al disgraciao
el motivo de sus males.
Es porque le va a salir
como chancho e los maizales.

Andá y decile al patrón
por qué no te da el aumento.
¡La pucha!, si lo ha estudiao
que hasta te larga contento.

Preguntále a la mujer
cuándo quiere más al hombre
si te logra responder,
no habrá nada que te asombre.

Es hora que andés pensando,
el porqué de tu existir.
No sea cosa que la copla
se te vuelva a repetir.

Que me voy, que me voy,
Que me voy, que me voy.

///

LA OMA

Letra: Daniel Altamirano / Música: Pedro Favini

La Oma es una mujer
de setenta y pico de años,

vive en el norte chaqueño,
cerquita de San Bernardo.

Tiene los ojos azules
como el agua de los mares
porque vino de muy lejos
y al río le dio su sangre.

Hay que entrar por las picadas
para llegar a su rancho,
de barro y apuntalao
con quebracho colorao,
lleno de árboles el patio
y herramientos de trabajo,
una volanta, un arao
y el paisaje del Chaco.

La Oma es feliz con poco,
digamos mejor con nada,
la Oma era rubia y se ve
que era linda alemana.

Qué sola que está la Oma
pero ella no piensa en nada,
cómo pensar en la muerte
si la Oma es como un hada.

En su ranchito de barro
calienta a leña su pava,
conversa con su lorito
que es con el único que habla.

Hay que entrar por las picadas.

LA CERILLANA

Letra: Abel Mónico Saravia / Música: Marcos Tames

*Con las polleras yutas,
las trenzas largas, te vi bailar
y ahí nomás a mi zaino,
en el guardapatio lo hice rayar.*

*Desmonté del caballo;
me puse cerca pa' mosquetear.
Con el alma en un hilo,
mi negra linda, te vi bailar.*

*¿Cómo olvidarte Cerrillos,
si, por tu culpa, tengo mujer?
Morena cerrillana,
con alma y vida te cantaré.
Todos los Carnavales,
para Cerrillos, te llevaré.*

*Luego siguieron zambas;
bailamos juntos sin descansar,
entre medio 'e los cuetes
y serpentinas del Carnaval.*

*Miércoles de Ceniza,
enharinados nos vio pasar
y en ancas de mi zaino,
luego, a mi rancho fuimos a dar.*

CANCIÓN PARA CARITO

Letra: León Gieco / Música: Antonio Tarragó Ros

Sentado solo en un banco de la ciudad
con su mirada recordando el litoral,
tu suerte quiso estar partida,
mitad verdad, mitad mentira,
como esperanza de pobre, prometida.

Andando solo bajo la llovizna gris,
fingiendo duro que tu vida fue de aquí,
porque cambiaste un mar de gente
por donde gobierna una flor,
mirá que el río nunca regaló el color.

Carito, suelta tu pena,
se haga diamante tu lágrima
entre mis cuerdas.
Carito, suelta tu piedra, para volar como el zorzal
en primavera.

En Buenos Aires los zapatos son modernos
pero no lucen como en la plaza de un pueblo.
Deja que tu luz chiquita
hable en secreto a la canción
para que te acaricie un poco más el sol.
Cualquier semilla cuando una planta quiere ver
la vieja estrella de aquel atardecer
que la salvó del pico agudo
refugiándola al oscuro
de la gaviota abrazadora de los surcos.

Carito, yo soy tu amigo,
me ofrezco árbol
para tu nido.
Carito, suelta tu canto
que el abanico en mi acordeón
lo está esperando.

///

ZAMBA PARA DECIR ADIÓS
Letra y música: Argentino Luna

Perdona, niña, que un día
te di promesas de amor
entonces yo no sabía
este destino cantor.
Entonces yo no sabía, perdona,
este destino cantor.

Te amé y no puedes negarlo,
conmigo te llevaré,
hecha recuerdo en mi canto
en zambas te nombraré.
Hecha recuerdo en mi canto, mi cielo,
en zambas te nombraré.

Estribillo
Cuando recuerdes la zamba
que esta noche te canté,

*abrazao' a mi guitarra
sólo silencio seré.
No llores, niña, no quiero,
perdona,
otra promesa no haré.*

*No llores niña, no quiero
verte este noche llorar.
Perdona, pero no puedo
todo este fuego apagar.
Quisiera pero no puedo, mi vida,
todo este fuego apagar.*

*Tú tienes otro destino,
naciste para querer,
yo voy por otro camino,
ya no me puedo volver.
Yo voy por otro camino,
cantando,
ya no me puedo volver.*

RECETARIO

| ASADO |

El asador debe ser una persona tranquila y paciente. Los asados realizados rápido y sin planificación siempre terminan mal. La tarea del asador comienza mucho antes de colocar la carne sobre la parrilla. Tiene que saber elegir la carne adecuada, encender un fuego rendidor, ir cocinando los cortes de acuerdo al orden en el cual serán servidos, tiene que saber ubicar la carne en la parrilla para aprovechar el espacio, tiene que satisfacer el gusto de los comensales (hay quienes quieren la carne jugosa, a punto, o muy cocida) y debe estar atento a cualquier circunstancia que suceda en su parrilla. Debe considerar los siguientes puntos:

- Calcular medio kilogramo de carne por persona, aunque según la cantidad de mayores y menores; hombres y mujeres, esta cantidad puede variar. Sin embargo, el asador debe saber que es preferible que sobre carne y no que falte.

- El fuego debe ser constante desde el comienzo hasta el final y la cocción nunca debe interrumpirse.

- El buen asador no mueve la carne en la parrilla, desplaza las brasas, las aumenta o las disminuye, pero no traslada la carne.

- Sólo debe salar la carne. Los condimentos como salsa criolla o chimichurri deben servirse en la mesa.

- No hay que pinchar la carne para evitar la pérdida del jugo de la misma.

- Recordar que las brasas no deben formar llamas.

- Asar la carne por el lado del hueso en primer término y luego darla vuelta.

| PARRILLADA CRIOLLA |

INGREDIENTES

Chorizos	10
Morcillas	6
Chinchulines	250 g
Mollejas	500 g
Tira de asado	2,5 kg
Tapa de asado	2 kg

Vacío	2 kg
Lechuga criolla	4 plantas
Tomates	8
Cebollas	4
Aceite	
Sal parrillera	
Sal fina	
Chimichurri	
Salsa criolla	

PREPARACIÓN

- Los ingredientes descritos son para un asado de alrededor de 10 comensales adultos. De acuerdo a los invitados, a la cantidad de mujeres y niños y a las ganas de saborear un buen asado deberá modificar estos ingredientes.

- Encender el fuego según su preferencia. El mismo deberá ser abundante. Además, por tratarse de un asado más grande, se tendrá la precaución de conservar otro fuego fuera de la parrilla, para obtener más brasas si fuese necesario.

- Sobre unas fuentes, bandejas o tablas de madera colocar los trozos de carne.

- Si tuviesen grandes excesos de grasa cortarlos con un cuchillo, pero no es aconsejable quitar toda la grasa. Recordemos que la misma, durante la cocción, contribuye a dar ese clásico gusto criollo a la carne.

- Salar la carne.

- Preparar las mollejas como se indica en su receta respectiva.

• Colocar los chorizos y las morcillas en los tridentes que se utilizan para esa labor.

• Cuando el fuego esté listo, es el momento de colocar cada uno de los cortes de carne sobre la parrilla.

• El asador deberá tener en cuenta los gustos de los comensales para cocinar la carne. Sin embargo, se deberá seguir un orden más o menos estricto: primero las achuras (chorizos, morcillas, chinchulines, mollejas) y luego los cortes más grandes (tira de asado, tapa de asado, vacío).

• Preparar la ensalada con las verduras y condimentarla. En un asado criollo, no debe faltar el tomate, la lechuga y la cebolla. Pueden servirse juntos o separados.

• Servir los ingredientes en orden, de a poco, para que siempre llegue la comida caliente a la mesa y acompañar con la ensalada.

• Llevar a la mesa la sal fina, el chimichurri y la salsa criolla. Cada comensal condimentará su carne a gusto.5

• Acompañar de vino tinto.

| CARBONADA CRIOLLA |

INGREDIENTES

Cuadril	500 g
Pechito de cerdo	500 g
Chorizos colorados	2
Calabaza	300 g

Papas	5
Batatas	5
Zanahorias	4
Cebollitas de verdeo	3
Choclos	3
Cebollas	2
Morrón verde	1
Morrón rojo	1
Ajo	2 dientes
Aceite	75 cm^3
Agua	750 cm^3
Sal	
Pimienta	

PREPARACIÓN

- Pelar y cortar las papas y la calabaza en cubos.
- Cortar los choclos y las zanahorias en rodajas.
- Picar en trocitos no muy pequeños las cebollas, el ajo, los morrones y la cebollita de verdeo.
- Desgrasar la carne de cerdo y cortarla en tiras siguiendo la ubicación de los huesos.
- Limpiar la carne retirando los excesos de grasa. Cortarla en cubos de 3 centímetros más o menos. Reservar la grasa.
- Cortar los chorizos colorados en rodajitas.
- Encender el fuego y, cuando las brasas estén a punto, colocar el disco de arado sobre las mismas.
- Una vez caliente el disco, colocar en el mismo los trozos de grasa reservados para que se derritan. Cuando se haya for-

mado una pequeña película líquida en el disco, retirar la grasa para que la misma no se queme.

- Incorporar al disco el cuadril y el cerdo y cocinar hasta que se sellen.

- Retirar las carnes, salpimentarlas a gusto y reservarlas al calor.

- Volcar el aceite en el disco y calentarlo.

- Rehogar las cebollas, los morrones y el ajo. Al final incorporar los chorizos colorados y continuar la cocción 3 ó 4 minutos.

- Regresar la carne al disco y cubrir todos los ingredientes con agua.

- Salpimentar a gusto, añadir algunas hierbas de su gusto e incorporar las papas, las batatas, la calabaza, el choclo y las zanahorias.

- Cocinar durante 35 a 40 minutos o hasta que se evapore el líquido y todos los ingredientes estén tiernos.

| LOCRO |

INGREDIENTES

Maíz pisado	2 tazas
Alubias	1 taza
Pata de cerdo	1
Cuero de cerdo	150 g
Panceta ahumada	50 g

Falda	1/2 kg
Tripa gorda	100 g
Chorizo colorado	3
Zapallo amarillo	1/2 kg
Batatas	1/2 kg
Cebollas de verdeo	2
Pimentón dulce	
Ají molido picante	
Grasa de pella	
Repollo	
Puerro	
Sal	

PREPARACIÓN

- Poner en remojo el maíz pisado y las alubias y dejar un día.
- Escurrir y tirar el agua.
- En una olla, poner abundante agua y hervir dentro durante 1 hora el maíz, las alubias, la patita de cerdo. Cortar los cueritos de cerdo en tiritas y agregar.
- Añadir la panceta ahumada cortada en dados, la falda y la tripa gorda. Cortar en trozos los chorizos colorados y agregar.
- Hervir y espumar.
- Pelar, lavar y cortar en trozos el zapallo amarillo, el puerro, las batatas, el repollo y agregar al guiso anterior.
- Durante una hora, hervir hasta que todo esté tierno y espeso.

• Aparte, en la grasa de pella, freír las cebollas de verdeo picadas y sazonar con el pimentón dulce diluido en un poco de agua y ají molido picante. Salar.

• Agregar ésta última preparación a la anterior y servir bien caliente en platos soperos.

| HUMITA NORTEÑA |

INGREDIENTES

Grasa de pella	200 g
Choclos	10
Leche	1 taza
Cebolla	
Ajíes verdes	
Tomate picado	
Canela molida	
Pimentón dulce	
Azúcar molida	
Sal	

PREPARACIÓN

• Cortar la cebolla muy fina y dorarla con la grasa de pella y los ajíes.

• Picar los tomates sacándoles la semilla y agregarlos.

- Cocinar y sazonar con sal, la canela molida y el pimentón dulce.
- Rallar los choclos y añadirlos.
- Cocinar todo lentamente.
- Si es necesario, para tiernizar, agregar leche.
- Poner todo en un recipiente y espolvorear con azúcar molida.
- Dorar 5 minutos en horno caliente.
- Servir.

| EMPANADAS SALTEÑAS |

INGREDIENTES

Discos de masa para empanadas	24
Pollo cocido	500 g
Carne picada	500 g
Cebollas	3
Papas	250 g
Azúcar	50 g
Manteca	50 g
Huevos duros	2
Sal y pimienta	
Comino	
Azafrán	
Orégano	

PREPARACIÓN

- Hervir y cortar las papas y reservar.
- Picar las cebollas.
- Trocear el pollo bien chiquito.
- Rehogar las cebollas con la manteca en una sartén chica, hasta que estén transparentes.
- Sin separar del fuego incorporar la carne picada y el azúcar.
- Incorporar el pollo, las papas y los huevos picados.
- Condimentar a gusto con pimienta, comino, azafrán y orégano.
- Dejar enfriar y luego usar para preparar las empanadas.
- Hornearlas a temperatura moderada 25 minutos.

| EMPANADAS SANTIAGUEÑAS |

INGREDIENTES

Carne	300 g
Tapas para empanadas al horno	1 paquete
Cebolla	2
Huevos duros	2
Ají picante molido	
Pasas de uva	
Grasa de pella	
Pimentón	

Sal

Comino

PREPARACIÓN

- Picar las cebollas y dorarlas en la grasa de pella.
- Agregar una pizca de sal y una cucharadita de agua, junto al pimentón, el ají molido y el comino.
- Cocinar y luego retirar para enfriar.
- Cortar la carne a cuchillo.
- Ponerla a sancochar pasándola por agua hirviendo.
- Escurrirla y dejarla enfriar.
- Como paso siguiente, unir el rehogado con la carne y agregar los huevos duros picados y las pasas de uva.
- Armar las empanadas pinchando la parte superior.
- Luego llevar al horno.

| TAMALES |

INGREDIENTES

Chalas secas de maíz	12
Harina de maíz fina	2 tazas
Caldo	2 tazas
Grasa de pella	3 cdas.
Carne vacuna picada con cuchillo	1/2 kg

Huevos duros	2
Cebolla picada rehogada en aceite	1 chica
Pasas de uva	
Aceitunas verdes descarozadas	
Pimentón	
Orégano	
Comino	
Sal	
Pimienta	

PREPARACIÓN

• Para que las chalas pierdan su rigidez, se deben incorporar a un recipiente con agua caliente.

• Dejar reposar y escurrir.

• Cocinar en una cacerola la harina de maíz con el caldo y lograr una masa espesa.

• Colocar dos chalas superpuestas en forma de cruz y agregar una buena porción de masa.

• Cortar la carne a cuchillo y saltear la carne en la grasa.

• Humedecer con unas gotas de agua.

• Cuando esté rehogada salpimentar y agregar el pimentón, el comino y el orégano.

• Retirar del fuego e incorporar los huevos picados. También remojar las pasas de uva y agregarlas, junto a las aceitunas picadas y la cebolla. Mezclar.

• Colocar una porción del relleno sobre el colchón de harina de maíz y cerrar la chala como si fuese un pequeño paquete, atándolo con las mismas hebras secas de la chala.

• Hervirlas con agua y sal. Retirarlas, escurrirlas y servir calientes.

| PAN DE CHICHARRONES |

INGREDIENTES

Chicharrones	250 g
Harina tamizada	1 kg
Grasa de pella	100 g
Levadura de cerveza	50 g
Agua	
Sal	

PREPARACIÓN

• Hacer una corona con la harina y colocar el agua, disolviendo en ella la sal y la grasa de pella.

• Agregar la levadura desgranada.

• Amasar hasta que quede una masa sedosa y elástica.

• Agregar los chicharrones y mezclarlos bien.

• Tapar la masa y dejar reposar 1/2 hora.

• Armar bollos a gusto y dejarlos tapados durante 15 minutos.

• Cocinar en el horno no muy caliente hasta que la cubierta esté dorada y la miga cocida.

| PEDRO VICENTE |

INGREDIENTES

Carne sin hueso	250 g
Agua	
Zapallo	250 g
Papas	2
Zanahorias	2
Repollo	250 g
Porotos	200 g
Arroz	150 g
Fideos para sopa	200 g
Comino	
Orégano	
Aceite	
Cebolla	
Tomate pelado	
Ají	

PREPARACIÓN

• En una cacerola grande poner agua y agregar la carne sin hueso trozada.

• Cortar en dados el zapallo, las papas, las zanahorias y agregarlos, junto al repollo en juliana y los porotos.

- Una vez cocidos los ingredientes agregar el arroz y los fideos. Sazonar y añadir el comino y el orégano.
- En una sartén aparte, freír en aceite la cebolla, el tomate pelado y el ají, previamente picado.
- Agregar todo al puchero.
- Servir en platos soperos.

| DULCE DE LECHE |

INGREDIENTES

Leche	3 l
Azúcar	1 kg
Vainilla	1 chaucha
Bicarbonato de sodio	1 cdita.

PREPARACIÓN

- Colocar en una cacerola la leche, la vainilla, el bicarbonato y el azúcar.
- Con una cuchara de madera, revolver hasta que la leche rompa el hervor.
- Al empezar a hervir, bajar el fuego al mínimo y continuar revolviendo hasta que se espese.
- Cuando se vuelve bien espeso y consistente, subir el fuego nuevamente hasta que hierva.

• Dejar enfriar a temperatura ambiente, colocar en frascos y llevar a la heladera.

| PASTELITOS CRIOLLOS |

INGREDIENTES

Harina 000	600 g
Agua	250 cm^3
Dulce de membrillo	200 g
Manteca	200 g
Nueces bien picadas	100 g
Polvo para hornear	3 cditas.
Sal fina	1 cda.
Grasa para freír	
Almíbar	6 cdas.
Fideitos de colores para decorar	

PREPARACIÓN

• Ablandar las 2/3 partes de la manteca.
• Mezclar la harina, el polvo para hornear y la sal.
• Colocar estos ingredientes tamizados sobre una mesa en forma de anillo, realizando un hoyo en el centro.
• Volcar el agua en el centro y agregar la manteca.

• Unir los ingredientes con la mano, volcando la harina desde las paredes hacia el centro de la mezcla.

• Trabajar hasta que la preparación alcanzada sea suave, uniforme y no se pegue en las manos.

• Enharinar la mesa y estirar el bollo de masa con un palote hasta que tenga una altura de 1 a 1,5 centímetros.

• Ablandar el resto de la manteca y pincelar la masa.

• Doblarla en varias partes, volver a estirarla y enmantecarla otra vez. Repetir esta operación (estirar, enmantecar, dobla y volver a estirar) 3 veces.

• Estirar la masa, finalmente, dejándola de menos de 1 centímetro.

• Cortar cuadrados de 10 centímetros.

• En el centro de uno de ellos colocar un trozo de dulce de membrillo y media cucharadita de nueces bien picadas.

• Humedecer los bordes con agua y cerrar el pastelito con otro cuadrado de masa, presionando en los bordes con los dedos.

• Repetir esta tarea toda la cantidad de veces que sea necesaria para utilizar todos los trozos de masa.

• Derretir la grasa en una sartén y freír los pastelitos hasta que estén dorados.

• Reservar sobre papel absorbente, bañar con un poco de almíbar y espolvorear con grana de colores.

| LA YERBA MATE |

La yerba mate se obtiene mediante las hojas tostadas y molidas de una pequeña planta o arbusto que crece, especialmente, en Paraguay, en Uruguay, en el NE de la Argentina y en algunas zonas del Sur brasileño.

Esta bebida heredada de los aborígenes que habitaron esas regiones, se consume colocando las hojas dentro de un recipiente llamado "mate". Dentro del mismo se vierte agua caliente, sin hervir (lo ideal son 70° a 75°C) y se bebe mediante una bombilla. Los primeros mates ideados por sus creadores eran elaborados ahuecando una especie de zapallo o calabaza regional. Si bien esta técnica se conserva hasta el presente, hoy se encuentran mates de madera, metal, caña y hasta plástico.

El mate estuvo durante muchos años circunscrito al Paraguay, a la zona del Río de la Plata y a regiones rurales argentinas, pero en las últimas décadas, los argentinos, uruguayos y paraguayos que recorren el mundo han difundido esta costumbre en muchas colonias de latinos a lo largo del mundo y, en estos días, es posible adquirir la yerba mate en lugares tan distantes como Europa, Estados Unidos o América Central.

En las regiones de influencia, el mate se bebe como desayuno, como merienda, como infusión entre comidas o después de las mismas y hasta se consume en plazas o parques públicos, convirtiéndose no sólo en una bebida, sino en una costumbre social y cultural.

Con las mismas hojas secas y molidas de la planta de yerba mate, se elaboran saquitos iguales a los del té y se consume una infusión llamada "mate cocido".

DICHOS, FRASES Y REFRANES POPULARES

A lo largo de los años diferentes expresiones pasaron a formar parte del vocabulario colectivo. Frases, refranes, dichos, comparaciones son usados en distintos lugares del país en determinadas circunstancias. A continuación, un resumen de algunas de estas locuciones instaladas en la cultura popular:

- No por mucho madrugar amanece más temprano.

- Cada loco con su tema.

- Le busca la quinta pata al gato.

- Cuando se está sobre el potro, hay que aguantar el corcovo.

- Más vale pájaro en mano que cien volando.

- No dejes para mañana lo que puedes hacer hoy.

- Dime con quién andas y te diré quién eres.

- Habiendo hambre, hasta la tripa es achura.

- Zapatero a tus zapatos.

- Cada cual sabe dnde le aprieta el zapato.

- El que mucho abarca poco aprieta.

- El que sabe, sabe y el que no aprende.

- Aunque la mona se vista de seda, mona queda.

- A caballo regalado no se le miran los dientes.

- Prestar plata es comprar disgustos.

- Me está tomando el pelo.

- Mucho ruido y pocas nueces.

- No creo en brujas, pero que las hay las hay.

- Más vale prevenir que curar.

- Al que madruga dios le ayuda.

- Más sabe el diablo por viejo, que por diablo.

- El que pega primero, pega dos veces.

- El pez por la boca muere.

- La letra, con sangre entra.

- Haz el bien, sin mirar a quieén.

- Todo tiene remedio, menos la muerte.

- Agua que no has de beber, déjala correr.

- Escoba nueva barre bien.

- Perro que ladra no muerde.

- El que no llora no mama.

- Es más difícil de agarrar que chancho enjabonado.

- A lo hecho, pecho.

- La vida es una sola.

- En casa de herrero, cuchillo de palo.

- Se quedó para vestir santos.

- Dios castiga, pero no a palos.

- Un gesto amable no cuesta nada.

- No todo lo que brilla es oro.

- Le salió el tiro por la culata.

- No hay mal que por bien no venga.

- Agua y aceite no se mezclan.

- Eso es desvestir un santo para vestir otro.

- Ladrón que le roba a un ladrón tiene cien años de perdón.

- Es más bueno que el pan.

- Tiempo que se va, no vuelve más.

- ¿Qué le hace una mancha más al tigre?

- Para muestra, basta un botón.

- La excepción confirma la regla.

- El ojo del amo, engorda el caballo.

- No hay que hacer leña del árbol caído.
- Hombre prevenido, vale por dos.
- Juntos, pero no revueltos.
- Pobre, pero honrado.
- Más vale malo conocido, que bueno por conocer.
- A buen entendedor, pocas palabras.
- Las cosas no se hacen solas,
  siempre hay alguien que las hace.
- Del dicho al hecho, hay un largo trecho.
- De tal palo, tal astilla.
- Cuentas claras, conservan la amistad.
- Cuando el río suena, trae piedras.
- Donde comen dos, comen tres.
- Río revuelto, ganancia de pescadores.
- No hay peor astilla que la del mismo palo.
- De noche todos los gatos son pardos.
- Cuando un burro rebuzna, los demás se callan.
- En boca cerrada no entran moscas.
- En menos que cante un gallo.
- Hablando, se entiende la gente.
- La necesidad tiene cara de hereje.
- Está más loco que una cabra.

- Tiene más cuentas que un rosario.

- Se le fueron los humos a la cabeza.

- Las apariencias engañan.

- Que dios se lo pague.

- La procesión se lleva por dentro.

- La verdad, tarde o temprano aflora.

- No se come un huevo por no tirar la cáscara.

- Cuando llueve, todos se mojan.

- Muerto el perro, se acabó la rabia.

- El que la hace la paga.

- Más vale prevenir que curar.

- Hay que tomar el toro por las astas.

- La mala yerba, nunca muere.

- Despacito por las piedras.

- No mires la paja en el ojo ajeno.

- Dios aprieta, pero no ahorca.

- Da sin pedir nada a cambio.

- Más claro echarle agua.

- No sólo de pan vive el hombre.

- Una mano lava a la otra.

- Lo prometido es deuda.

- Una golondrina no hace verano.

- En la vida todo se paga.
- Que el árbol no tape el bosque.
- No hay que gastar pólvora en chimangos.
- No me fío del padrillo que ve yegua y no relincha.
- El ofrecer no empobrece.
- Quien anda en pagos ajenos, debe ser manso y prudente.
- En la cancha se ven los pingos.
- Jamás llegues a parar ande veas perros flacos.
- Cada chancho a su chiquero.
- Cuando la limosna es grande hasta el santo desconfía.
- De uva en uva se acaba el parral.
- Por el nido se conoce al pájaro.
- Cuando el pichón es grande, se le achica el nido.